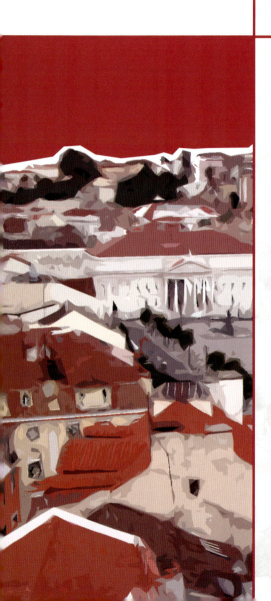

*Deus quer,
o homem sonha,
a obra nasce.*

De *Mensagem*

*P*artiu-se o espelho mágico em que revia idêntico,
E em cada fragmento fatídico vejo só um bocado de mim –
Um bocado de ti e de mim!...

De *Lisbon Revisited (1926)* – Álvaro de Campos

*Q*uanto mais eu sinta, quanto mais eu sinta como várias pessoas,
Quanto mais personalidades eu tiver,
Quanto mais intensamente, estridentemente as tiver,
Quanto mais simultaneamente sentir com todas elas,
Quanto mais unificadamente diverso, dispersadamente atento,
Estiver, sentir, viver, for,
Mais possuirei a existência total do universo,
Mais completo serei pelo espaço inteiro fora.

De *Afinal* – Álvaro de Campos

Se o que escrevo tem valor, não sou eu que o tenho:
O valor está ali, nos meus versos.
Tudo isso é absolutamente independente da minha vontade.

De *Poemas Inconjuntos* – Alberto Caeiro

Porque eu sou do tamanho do que vejo
E não do tamanho da minha altura...

De *O Guardador de Rebanhos* – Alberto Caeiro

como quem se cansa de estar triste

Da mais alta janela da minha casa
Com um lenço branco digo adeus
Aos meus versos que partem para a Humanidade.

E não estou alegre nem triste.
Esse é o destino dos versos.
Escrevi-os e devo mostrá-los a todos
Porque não posso fazer o contrário
Como a flor não pode esconder a cor,
Nem o rio esconder que corre,
Nem a árvore esconder que dá fruto.

Ei-los que vão já longe como que na diligência
E eu sem querer sinto pena
Como uma dor no corpo.

Quem sabe quem os terá?
Quem sabe a que mãos irão?

Flor, colheu-me o meu destino para os olhos.
Árvore, arrancaram-me os frutos para as bocas.
Rio, o destino da minha água era não ficar em mim.
Submeto-me e sinto-me quase alegre,
Quase alegre como quem se cansa de estar triste.

Ide, ide de mim!
Passa a árvore e fica dispersa pela Natureza.
Murcha a flor e o seu pó dura sempre.
Corre o rio e entra no mar e a sua água é sempre a que foi sua.

Passo e fico, como o Universo.

De *O Guardador de Rebanhos* – Alberto Caeiro

Quando as crianças brincam
E eu as oiço brincar,
Qualquer coisa em minha alma
Começa a se alegrar.

E toda aquela infância
Que não tive me vem,
Numa onda de alegria
Que não foi de ninguém.

Se quem fui é enigma,
E quem serei visão,
Quem sou ao menos sinta
Isto no coração.

De *Cancioneiro*

Deixem-me crer

Sim, sei bem
Que nunca serei alguém.
Sei de sobra
Que nunca terei uma obra.
Sei, enfim,
Que nunca saberei de mim.
Sim, mas agora,
Enquanto dura esta hora,
Este luar, estes ramos,
Esta paz em que estamos,
Deixem-me crer
O que nunca poderei ser.

De *Odes de Ricardo Reis*

Sou fácil de definir.
Vi como um danado.
Amei as cousas sem sentimentalidade nenhuma.
Nunca tive um desejo que não pudesse realizar, porque nunca ceguei.
Mesmo ouvir nunca foi para mim senão um acompanhamento de ver.
Compreendi que as cousas são reais e todas diferentes umas das outras;
Compreendi isto com os olhos, nunca com o pensamento.
Compreender isto com o pensamento seria achá-las todas iguais.
Um dia deu-me o sono como a qualquer criança.
Fechei os olhos e dormi.
Além disso, fui o único poeta da Natureza.

De *Poemas Inconjuntos* – Alberto Caeiro

Amor

*A*mo como o amor ama.
Não sei razão pra amar-te mais que amar-te.
Que queres que te diga mais que te amo,
Se o que quero dizer-te é que te amo?

De *Primeiro Fausto – Terceiro Tema*

Entrego-lhe o coração

Fresta

Em meus momentos escuros
Em que em mim não há ninguém,
E tudo é névoas e muros
Quanto a vida dá ou tem,

Se, um instante, erguendo a fronte
De onde em mim sou aterrado,
Vejo o longínquo horizonte
Cheio de sol posto ou nado

Revivo, existo, conheço,
E, ainda que seja ilusão
O exterior em que me esqueço,
Nada mais quero nem peço.
Entrego-lhe o coração.

De *Cancioneiro*

*Tu és a tela irreal
em que erro em cor
a minha arte...*

De *Hora absurda – Cancioneiro*

Eu amo tudo o que foi,
Tudo o que já não é,
A dor que já me não dói,
A antiga e errônea fé,
O ontem que dor deixou,
O que deixou alegria
Só porque foi, e voou
E hoje é já outro dia.

De *Poesias Inéditas*

*A minha consciência
de ter consciência de ti
é uma prece...*

De *Hora absurda* – Cancioneiro

Os meus olhos nos teus

Análise

Tão abstrata é a idéia do teu ser
Que me vem de te olhar, que, ao entreter
Os meus olhos nos teus, perco-os de vista,
E nada fica em meu olhar, e dista
Teu corpo do meu ver tão longemente,
E a idéia do teu ser fica tão rente
Ao meu pensar olhar-te, e ao saber-me
Sabendo que tu és, que, só por ter-me
Consciente de ti, nem a mim sinto.
E assim, neste ignorar-me a ver-te, minto
A ilusão da sensação, e sonho,
Não te vendo, nem vendo, nem sabendo
Que te vejo, ou sequer que sou, risonho
Do interior crepúsculo tristonho
Em que sinto que sonho o que me sinto sendo.

De *Cancioneiro*

Vejo melhor os rios quando vou contigo
Pelos campos até à beira dos rios;
Sentado a teu lado reparando nas nuvens
Reparo nelas melhor –
Tu não me tiraste a Natureza...
Tu mudaste a Natureza...
Trouxeste-me a Natureza para o pé de mim,
Por tu existires vejo-a melhor, mas a mesma,
Por tu me amares, amo-a do mesmo modo, mas mais,
Por tu me escolheres para te ter e te amar,
Os meus olhos fitaram-na mais demoradamente
Sobre todas as cousas.
Não me arrependo do que fui outrora
Porque ainda o sou.

De *O Pastor Amoroso* – Alberto Caeiro

Vejo melhor os rios quando vou contigo

𝓟õe-me as mãos nos ombros...
Beija-me na fronte...
Minha vida é escombros,
A minha alma insonte...

Põe a tua mão
Sobre o meu cabelo...
Tudo é ilusão.
Sonhar é sabê-lo.

De *Cancioneiro*

Passei toda a noite, sem dormir, vendo, sem espaço, a figura dela,
E vendo-a sempre de maneiras diferentes do que a encontro a ela.
Faço pensamentos com a recordação do que ela é quando me fala,
E em cada pensamento ela varia de acordo com a sua semelhança.
Amar é pensar.
E eu quase que me esqueço de sentir só de pensar nela.
Não sei bem o que quero, mesmo dela, e eu não penso senão nela.
Tenho uma grande distração animada.
Quando desejo encontrá-la
Quase que prefiro não a encontrar,
Para não ter que a deixar depois.
Não sei bem o que quero, nem quero saber o que quero. Quero só
Pensar nela.
Não peço nada a ninguém, nem a ela, senão pensar.

De *O Pastor Amoroso* – Alberto Caeiro

Quando ela passa

Quando eu me sento à janela
P'los vidros que a neve embaça
Vejo a doce imagem dela
Quando passa... passa... passa...

Um dia já não passou
O outro também já não
A sua ausência cavou
Ferida no meu coração.

Lançou-me em pesar profundo
Lançou-me a mágoa seu véu: —
Menos um ser neste mundo
E mais um anjo no céu.

Quando eu me sento à janela,
P'los vidros que a neve embaça
Julgo ver a imagem dela
Que já não passa... não passa...

De *Cancioneiro*

*A*gora que sinto amor
Tenho interesse no que cheira.
Nunca antes me interessou que uma flor tivesse cheiro.
Agora sinto o perfume das flores como se visse uma coisa nova.

De *O Pastor Amoroso* – Alberto Caeiro

*V*em sentar-te comigo, Lídia, à beira do rio.
Sossegadamente fitemos o seu curso e aprendamos
Que a vida passa, e não estamos de mãos enlaçadas.
(Enlacemos as mãos).

De *Odes de Ricardo Reis*

*Uma vida
de sonhos...*

*P*or que fiz eu dos sonhos
A minha única vida?

De *Contemplo o lago mudo* – Cancioneiro

Não basta abrir a janela

Não basta abrir a janela
Para ver os campos e o rio.
Não é bastante não ser cego
Para ver as árvores e as flores.
É preciso também não ter filosofia nenhuma.
Com filosofia não há árvores: há idéias apenas.
Há só cada um de nós, como uma cave.
Há só uma janela fechada, e todo o mundo lá fora;
E um sonho do que se poderia ver se a janela se abrisse,
Que nunca é o que se vê quando se abre a janela.

De *Poemas Inconjuntos* – Alberto Caeiro

*N*ada me prende a nada.
Quero cinqüenta coisas ao mesmo tempo.
Anseio com uma angústia de fome de carne
O que não sei que seja –
Definidamente pelo indefinido...
Durmo irrequieto, e vivo num sonhar irrequieto
De quem dorme irrequieto, metade a sonhar.

De *Lisbon Revisited (1926)* – Álvaro de Campos

Não sei se é sonho se realidade,
Se uma mistura de sonho e vida,
Aquela terra de suavidade
Que na ilha extrema do sul se olvida.
É a que ansiamos. Ali, ali,
A vida é jovem e o amor sorri.

Não é com ilhas do fim do mundo,
Nem com palmares de sonho ou não,
Que cura a alma seu mal profundo,
Que o bem nos entra no coração.
É em nós que é tudo. É ali, ali,
Que a vida é jovem e o amor sorri.

De *Cancioneiro*

Deixa-me sonhar

Dorme enquanto eu velo...
Deixa-me sonhar...
Nada em mim é risonho.
Quero-te para sonho,
Não para te amar.

A tua carne calma
É fria em meu querer.
Os meus desejos são cansaços.
Nem quero ter nos braços
Meu sonho do teu ser.

Dorme, dorme, dorme,
Vaga em teu sorrir...
Sonho-te tão atento
Que o sonho é encantamento
E eu sonho sem sentir.

De *Cancioneiro*

𝒪 sonho é ver as formas invisíveis
Da distância imprecisa, e, com sensíveis
Movimentos da esperança e da vontade,
Buscar na linha fria do horizonte
A árvore, a praia, a flor, a ave, a fonte –
Os beijos merecidos da Verdade.

De *Horizonte – Mensagem*

*Tenho em mim
todos os sonhos do mundo...*

De *Tabacaria* – Álvaro de Campos

Tudo é sonhar

Dizem?
Esquecem.
Não dizem?
Disseram.

Fazem?
Fatal.
Não fazem?
Igual.

Por quê
Esperar?
Tudo é
Sonhar.

De *Cancioneiro*

Eros e Psique

Conta a lenda que dormia
Uma Princesa encantada
A quem só despertaria
Um Infante, que viria
De além do muro da estrada.

Ele tinha que, tentado,
Vencer o mal e o bem,
Antes que, já libertado,
Deixasse o caminho errado
Por o que à Princesa vem.

A Princesa Adormecida,
Se espera, dormindo espera,
Sonha em morte a sua vida,
E orna-lhe a fronte esquecida,
Verde, uma grinalda de hera.

Longe o Infante, esforçado,
Sem saber que intuito tem,
Rompe o caminho fadado,
Ele dela é ignorado,
Ela para ele é ninguém.

Mas cada um cumpre o Destino
Ela dormindo encantada,
Ele buscando-a sem tino
Pelo processo divino
Que faz existir a estrada.

E, se bem que seja obscuro
Tudo pela estrada fora,
E falso, ele vem seguro,
E vencendo estrada e muro,
Chega onde em sono ela mora,

E, inda tonto do que houvera,
À cabeça, em maresia,
Ergue a mão, e encontra hera,
E vê que ele mesmo era
A Princesa que dormia.

De *Cancioneiro*

Solidão e Saudade

'Stou só e sonho saudade.

De *Cancioneiro*

Ao longe, ao luar,
No rio uma vela
Serena a passar,
Que é que me revela?

Não sei, mas meu ser
Tornou-se-me estranho,
E eu sonho sem ver
Os sonhos que tenho.

Que angústia me enlaça?
Que amor não se explica?
É a vela que passa
Na noite que fica.

De *Cancioneiro*

Eu sonho sem ver

Onda que, enrolada, tornas,
Pequena, ao mar que te trouxe
E ao recuar te transtornas
Como se o mar nada fosse,

Por que é que levas contigo
Só a tua cessação,
E, ao voltar ao mar antigo,
Não levas meu coração?

Há tanto tempo que o tenho
Que me pesa de o sentir.
Leva-o no som sem tamanho
Com que te oiço fugir!

De *Cancioneiro*

Sinto a saudade mais perto

O que me dói não é
O que há no coração
Mas essas coisas lindas
Que nunca existirão...

De *Cancioneiro*

Ó sino da minha aldeia,
Dolente na tarde calma,
Cada tua badalada
Soa dentro da minha alma.

E é tão lento o teu soar,
Tão como triste da vida,
Que já a primeira pancada
Tem o som de repetida.

Por mais que me tanjas perto
Quando passo, sempre errante,
És para mim como um sonho,
Soas-me na alma distante.

A cada pancada tua,
Vibrante no céu aberto,
Sinto mais longe o passado,
Sinto a saudade mais perto.

De *Cancioneiro*

Passagem das horas

Trago dentro do meu coração,
Como num cofre que se não pode fechar de cheio,
Todos os lugares onde estive,
Todos os portos a que cheguei,
Todas as paisagens que vi através de janelas ou vigias,
Ou de tombadilhos, sonhando,
E tudo isso, que é tanto, é pouco para o que eu quero.

Viajei por mais terras do que aquelas em que toquei...
Vi mais paisagens do que aquelas em que pus os olhos...
Experimentei mais sensações do que todas as sensações que senti,
Porque, por mais que sentisse, sempre me faltou que sentir
E a vida sempre me doeu, sempre foi pouco, e eu infeliz.

De *Poesias de Álvaro de Campos*

Há no firmamento
Um frio lunar.
Um vento nevoento
Vem de ver o mar.

Quase maresia
A hora interroga,
E uma angústia fria
Indistinta voga.

Não sei o que faça,
Não sei o que penso,
O frio não passa
E o tédio é imenso.

Não tenho sentido,
Alma ou intenção...
Estou no meu olvido...
Dorme, coração...

De *Cancioneiro*

Aqui na orla da praia, mudo e contente do mar,
Sem nada já que me atraia, nem nada que desejar,
Farei um sonho, terei meu dia, fecharei a vida,
E nunca terei agonia, pois dormirei de seguida.

A vida é como uma sombra que passa por sobre um rio
Ou como um passo na alfombra de um quarto que jaz vazio;
O amor é um sono que chega para o pouco ser que se é;
A glória concede e nega; não tem verdades a fé.

Por isso na orla morena da praia calada e só,
Tenho a alma feita pequena, livre de mágoa e de dó;
Sonho sem quase já ser, perco sem nunca ter tido,
E comecei a morrer muito antes de ter vivido.

Dêem-me, onde aqui jazo, só uma brisa que passe,
Não quero nada do acaso, senão a brisa na face;
Dêem-me um vago amor de quanto nunca terei,
Não quero gozo nem dor, não quero vida nem lei.

Só, no silêncio cercado pelo som brusco do mar,
Quero dormir sossegado, sem nada que desejar,
Quero dormir na distância de um ser que nunca foi seu,
Tocado do ar sem fragrância da brisa de qualquer céu.

De *Cancioneiro*

Tenho dó das estrelas

Paira à tona de água
Uma vibração,
Há uma vaga mágoa
No meu coração.

Não é porque a brisa
Ou o que quer que seja
Faça esta indecisa
Vibração que adeja,

Nem é porque eu sinta
Uma dor qualquer.
Minha alma é indistinta
Não sabe o que quer.

É uma dor serena,
Sofre porque vê.
Tenho tanta pena!
Soubesse eu de quê!...

De *Cancioneiro*

*Tenho dó das estrelas
Luzindo há tanto tempo,
Há tanto tempo...
Tenho dó delas.*

De *Cancioneiro*

*Não tenho ambições nem desejos.
Ser poeta não é uma ambição minha.
É a minha maneira de estar sozinho.*

De *O Guardador de Rebanhos* – Alberto Caeiro

*Ser livre,
ser grande...*

Para ser grande, sê inteiro: nada
    Teu exagera ou exclui.
Sê todo em cada coisa. Põe quanto és
    No mínimo que fazes.
Assim em cada lago a lua toda
    Brilha, porque alta vive.

De *Odes de Ricardo Reis*

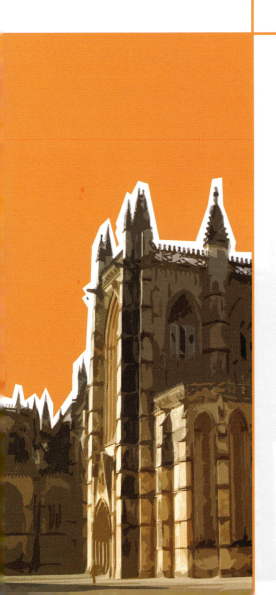

Liberdade

Ai que prazer
Não cumprir um dever.
Ter um livro para ler
E não o fazer!
Ler é maçada,
Estudar é nada.
O sol doira sem literatura.
O rio corre bem ou mal,
Sem edição original.
E a brisa, essa, de tão naturalmente matinal
Como tem tempo, não tem pressa...

De *Cancioneiro*

Segue o teu destino

Segue o teu destino,
Rega as tuas plantas,
Ama as tuas rosas.
O resto é a sombra
De árvores alheias.

A realidade
Sempre é mais ou menos
Do que nós queremos.
Só nós somos sempre
Iguais a nós próprios.

Suave é viver só.
Grande e nobre é sempre
Viver simplesmente.

De *Odes de Ricardo Reis*

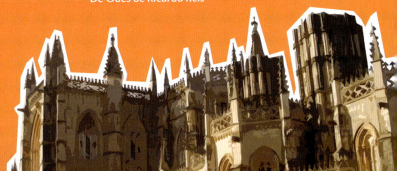

Quero viver em liberdade

Abram-me todas as janelas!
Arranquem-me todas as portas!
Puxem a casa toda para cima de mim!
Quero viver em liberdade no ar,
Quero ter gestos fora do meu corpo,
Quero correr como a chuva pelas paredes abaixo,
Quero ser pisado nas estradas largas como as pedras,
Quero ir, como as coisas pesadas, para o fundo dos mares,
Com uma voluptuosidade que já está longe de mim!

Não quero fechos nas portas!
Não quero fechaduras nos cofres!
Quero intercalar-me, imiscuir-me, ser levado,
Quero que me façam pertença doída de qualquer outro,
Que me despejem dos caixotes,
Que me atirem aos mares,
Que me vão buscar a casa com fins obscenos,
Só para não estar sempre aqui sentado e quieto,
Só para não estar simplesmente escrevendo estes versos!

De *Saudação a Walt Whitman* – Álvaro de Campos

*N*avegadores antigos tinham uma frase gloriosa:

"Navegar é preciso; viver não é preciso".

Quero para mim o espírito desta frase, transformada a forma para a casar como eu sou:

Viver não é necessário; o que é necessário é criar.
Não conto gozar a minha vida; nem em gozá-la penso.
Só quero torná-la grande, ainda que para isso tenha de ser
o meu corpo e a minha alma a lenha desse fogo.

Só quero torná-la de toda a humanidade; ainda que para isso tenha de a perder como minha. Cada vez mais assim penso.

Cada vez mais ponho da essência anímica do meu sangue o propósito impessoal de engrandecer a pátria e contribuir para a evolução da humanidade.

É a forma que em mim tomou o misticismo da nossa Raça.

Texto encontrado na arca de inéditos do poeta

São lágrimas de

Mar português

Ó mar salgado, quanto do teu sal
São lágrimas de Portugal!
Por te cruzarmos, quantas mães choraram,
Quantos filhos em vão rezaram!
Quantas noivas ficaram por casar
Para que fosses nosso, ó mar!

Valeu a pena? Tudo vale a pena
Se a alma não é pequena.
Quem quer passar além do Bojador
Tem que passar além da dor.
Deus ao mar o perigo e o abismo deu,
Mas nele é que espelhou o céu.

De Mensagem

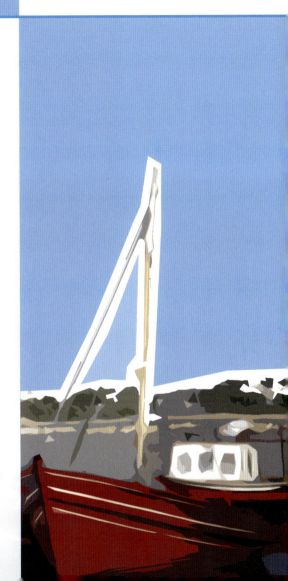

Alma, vida e coração...

*H*á um poeta em mim
que Deus me disse...

De *Passos da Cruz – Cancioneiro*

Tudo é noturno

Neste mundo em que esquecemos
Somos sombras de quem somos,
E os gestos reais que temos
No outro em que, almas, vivemos,
São aqui esgares e assomos.

Tudo é noturno e confuso
No que entre nós aqui há.
Projeções, fumo difuso
Do lume que brilha ocluso
Ao olhar que a vida dá.

Mas um ou outro, um momento,
Olhando bem, pode ver
Na sombra e seu movimento
Qual no outro mundo é o intento
Do gesto que o faz viver.

E então encontra o sentido
Do que aqui está a esgarar,
E volve ao corpo ido,
Imaginado e estendido,
A intuição de um olhar.

Sombra do corpo saudosa,
Mentira que sente o laço
Que a liga à maravilhosa
Verdade que a lança, ansiosa,
No chão do tempo e do espaço.

De *Cancioneiro*

O meu olhar é nítido como um girassol.
Tenho o costume de andar pelas estradas
Olhando para a direita e para a esquerda,
E de vez em quando olhando para trás...

E o que vejo a cada momento
É aquilo que nunca antes eu tinha visto,
E eu sei dar por isso muito bem...
Sei ter o pasmo essencial
Que tem uma criança se, ao nascer,
Reparasse que nascera deveras...
Sinto-me nascido a cada momento
Para a eterna novidade do Mundo...

Eu não tenho filosofia; tenho sentidos...
Se falo na Natureza não é porque saiba o que ela é,
Mas porque a amo, e amo-a por isso,
Porque quem ama nunca sabe o que ama
Nem sabe por que ama, nem o que é amar...
Amar é a eterna inocência,
E a única inocência não pensar...

De *O Guardador de Rebanhos* – Alberto Caeiro

De tanto ser,

Não sei quantas almas tenho.
Cada momento mudei.
Continuamente me estranho.
Nunca me vi nem acabei.
De tanto ser, só tenho alma.
Quem tem alma não tem calma.
Quem vê é só o que vê,
Quem sente não é quem é,

Atento ao que sou e vejo,
Torno-me eles e não eu.
Cada meu sonho ou desejo
É do que nasce e não meu.
Sou minha própria paisagem;
Assisto à minha passagem,
Diverso, móbil e só,
Não sei sentir-me onde estou.

só tenho alma

Por isso, alheio, vou lendo
Como páginas, meu ser.
O que sogue não prevendo,
O que passou a esquecer.
Noto à margem do que li
O que julguei que senti.
Releio e digo: "Fui eu?"
Deus sabe, porque o escreveu.

De *Poemas de Alberto Caeiro*

Se eu morrer muito novo, ouçam isto:
Nunca fui senão uma criança que brincava.
Fui gentio como o sol e a água,
De uma religião universal que só os homens não têm.
Fui feliz porque não pedi cousa nenhuma,
Nem procurei achar nada,
Nem achei que houvesse mais explicação
Que a palavra explicação não ter sentido nenhum.

Não desejei senão estar ao sol ou à chuva –
Ao sol quando havia sol
E à chuva quando estava chovendo
(E nunca a outra cousa),
Sentir calor e frio e vento,
E não ir mais longe.

Uma vez amei, julguei que me amariam,
Mas não fui amado.
Não fui amado pela única grande razão –
Porque não tinha que ser.

Consolei-me voltando ao sol e à chuva,
E sentando-me outra vez à porta de casa.
Os campos, afinal, não são tão verdes para os que são amados
Como para os que o não são.
Sentir é estar distraído.

De *Poemas Inconjuntos* – Alberto Caeiro

Saúdo todos os que me lerem,
Tirando-lhes o chapéu largo
Quando me vêem à minha porta
Mal a diligência levanta no cimo do outeiro.
Saúdo-os e desejo-lhes sol,
E chuva, quando a chuva é precisa,
E que as suas casas tenham
Ao pé duma janela aberta
Uma cadeira predileta
Onde se sentem, lendo os meus versos.

De *O Guardador de Rebanhos* – Alberto Caeiro

Fernando António Nogueira Pessoa, ou simplesmente "Fernando Pessoa", como preferia assinar, nasceu em 1888 em Lisboa, Portugal, e faleceu em 1935, nessa mesma cidade.

Considerado um dos maiores poetas de língua portuguesa, ficou sobretudo conhecido como grande prosador do modernismo (ou futurismo) em Portugal.

Boêmio, viveu uma época em que a arte explodia em várias tendências (futurismo, cubismo, expressionismo, dadaísmo, surrealismo etc.). Ele mesmo se dividiu e levou seu estilo às últimas conseqüências, criando heterônimos, que não são pseudônimos como alguns pensam, mas escritores com personalidades e estilos próprios, com vida e história independentes dos demais. Os mais conhecidos: Ricardo Reis, classicizante e estóico; Alberto Caeiro, o naturalista da percepção aparentemente ingênua dos objetos; e Álvaro de Campos, espetacular e futurista.

Um espírito tão rico e até paradoxal como o de Pessoa não podia se resumir numa só personalidade, eram necessárias muitas vozes para um poeta que era habitado por tantos outros.

Poeta dos mais estimados no Brasil, em vida apenas publicou um livro em português: o poema épico *Mensagem*, deixando um vasto espólio que ainda hoje não foi completamente analisado e publicado, uma obra valiosa em que expressa, como poucos, a angústia e as contradições do homem moderno.

Foi um profeta que esperava a realização da sua profecia, mas que morreu sem ver sequer o princípio da sua realização.